# Magic Among The Pages: Short Stories for Italian Language Learners

Artici Bilingual Books

Published by Artici Bilingual Books, 2024.

While every precaution has been taken in the preparation of this book, the publisher assumes no responsibility for errors or omissions, or for damages resulting from the use of the information contained herein.

MAGIC AMONG THE PAGES: SHORT STORIES FOR ITALIAN LANGUAGE LEARNERS

**First edition. February 29, 2024.**

Copyright © 2024 Artici Bilingual Books.

ISBN: 979-8224736409

Written by Artici Bilingual Books.

# Table of Contents

# Il Segreto di Maria

Maria era una donna gentile e solare, con una passione speciale per la gelateria che gestiva nel cuore della città. Ogni mattina, apriva le porte del suo piccolo negozio, accogliendo i clienti con un sorriso caloroso e offrendo loro una vasta selezione di gusti artigianali.

Un giorno d'estate, mentre il sole splendeva alto nel cielo e la città brulicava di vita, Maria decise di preparare qualcosa di speciale per i suoi fedeli clienti. Aveva sentito parlare di una ricetta antica, tramandata di generazione in generazione nella sua famiglia, e sapeva che era arrivato il momento di metterla in pratica.

Dopo aver chiuso la gelateria per un'ora, Maria si mise all'opera nella sua piccola cucina sul retro del negozio. Preparò con cura l'impasto, mescolando ingredienti segreti che conferivano al gelato un sapore unico e irresistibile. Mentre lavorava, il profumo dolce si diffuse nell'aria, attirando l'attenzione di chiunque passasse di lì.

Finalmente, quando l'orologio segnava l'ora di riaprire, Maria mise il gelato speciale nella vetrina, accanto agli altri gusti del giorno. I clienti iniziarono ad arrivare, attratti dalla promessa di una sorpresa dolce e deliziosa.

Uno dopo l'altro, assaggiarono il gelato di Maria, lasciandosi trasportare dalla sua cremosità e dal suo gusto unico. I loro volti si illuminarono di gioia mentre assaporavano ogni boccone, e non tardò a diffondersi la voce della nuova creazione di Maria.

La gelateria si riempì di persone desiderose di provare il gelato speciale, e Maria sorrideva soddisfatta di vedere il suo piccolo negozio così pieno di vita e felicità. Era stata una giornata indimenticabile, un momento di gioia condivisa tra amici, famiglie e perfetti sconosciuti, tutti uniti dalla passione per il gelato di Maria.

Quando la sera scese e l'ultimo cliente se ne andò, Maria si sedette stancamente dietro al bancone, riflettendo sulla giornata appena trascorsa. Era grata per ogni momento, per ogni sorriso e per ogni connessione che aveva condiviso con gli altri attraverso il potere del gelato.

E così, mentre chiudeva le porte della gelateria per la notte, Maria sapeva che quella dolce sorpresa non sarebbe stata l'ultima. Aveva ancora tanto da offrire al mondo, una coppetta alla volta.

# Maria's Secret

Maria was a kind and cheerful woman, with a special passion for the ice cream shop she ran in the heart of the city. Every morning, she would open the doors of her small shop, welcoming customers with a warm smile and offering them a wide selection of artisanal flavors.

One summer day, as the sun shone high in the sky and the city bustled with life, Maria decided to prepare something special for her loyal customers. She had heard of an ancient recipe, passed down through generations in her family, and she knew it was time to put it into practice. After closing the ice cream parlor for an hour, Maria set to work in her small kitchen at the back of the shop. She carefully prepared the dough, mixing secret ingredients that gave the ice cream a unique and irresistible flavor. As she worked, the sweet scent filled the air, attracting the attention of anyone passing by.

Finally, when the clock struck the hour to reopen, Maria placed the special ice cream in the display case, alongside the other flavors of the day. Customers began to arrive, drawn by the promise of a sweet and delicious surprise.

One by one, they tasted Maria's ice cream, being carried away by its creaminess and unique flavor. Their faces lit up with joy as they savored every bite, and word of Maria's new creation quickly spread.

The ice cream parlor filled with people eager to try the special ice cream, and Maria smiled satisfied to see her small shop so full of life and happiness. It had been an unforgettable day, a moment of shared joy among friends, families, and perfect strangers, all united by their passion for Maria's ice cream.

As evening fell and the last customer left, Maria sat tiredly behind the counter, reflecting on the day that had just passed. She was grateful for every moment, for every smile, and for every connection she had shared with others through the power of ice cream.

And so, as she closed the doors of the ice cream parlor for the night, Maria knew that this sweet surprise would not be the last. She still had so much to offer to the world, one scoop at a time.

# I Segreti della Signora del Mercato

Nella vivace città di Firenze, c'era una piazza pittoresca circondata da antichi edifici e colorati banchetti. Al centro di questa piazza, regnava sovrana la Signora del Mercato, una donna anziana ma vivace, conosciuta da tutti per la sua saggezza e la sua abilità nel commercio.

La Signora del Mercato, di nome Giulia, gestiva uno dei banchi più affollati e amati della piazza. Ogni giorno, si alzava presto al mattino per selezionare personalmente i migliori prodotti dai fornitori locali, assicurandosi che ogni frutto e verdura fosse fresco e di alta qualità.

Ma dietro la facciata amichevole della Signora del Mercato si nascondevano segreti intriganti che solo pochi conoscevano. Ad esempio, pochi sapevano che Giulia era una grande appassionata di letteratura, e che di nascosto passava le notti a leggere romanzi classici nella sua modesta casa vicino alla piazza.

Un giorno, mentre la piazza era in pieno fermento e i clienti si affollavano intorno ai banchi, un giovane straniero di nome Matteo si avventurò nella piazza per la prima volta. Attratto dal vociare e dai colori vibranti, si avvicinò al banco della Signora del Mercato con curiosità.

"Buongiorno, Signora," disse Matteo con un sorriso cortese. "Mi dicono che qui si trovano i migliori prodotti della città."

La Signora del Mercato sorrise calorosamente. "È vero, giovane signore," rispose con un accento toscano melodioso. "Sono sicura che troverai esattamente ciò che stai cercando."

Mentre Matteo esplorava il banco della Signora del Mercato, notò un libro dall'aspetto logoro nascosto dietro una pila di melanzane. Con un lampo di riconoscimento nei suoi occhi, chiese: "E questo? Un'aggiunta speciale al tuo assortimento?"

La Signora del Mercato si fermò per un istante, guardando il libro con un misto di sorpresa e affetto. "Oh, questo è solo un piccolo tesoro personale," rispose, tirando fuori il libro e sfogliandone le pagine ingiallite. "Mi piace tenerlo qui per tenermi compagnia durante le giornate tranquille."

Matteo sorrise. "Anche tu ami leggere? Sembra che abbiamo qualcosa in comune."

Da quel momento, Matteo e la Signora del Mercato iniziarono a scambiarsi racconti e consigli letterari mentre lui faceva i suoi acquisti. Scoprirono di avere gusti simili e passarono ore discutendo dei loro romanzi preferiti e delle avventure dei loro personaggi preferiti.

Ma mentre i giorni passavano e l'amicizia tra Matteo e la Signora del Mercato si approfondiva, qualcosa di più sinistro si agitava dietro le quinte della piazza. Un'ombra misteriosa si aggirava di notte, rubando merci dai banchi e seminando il terrore tra i commercianti.

La Signora del Mercato, con il suo acuto senso dell'osservazione e la sua conoscenza della piazza, sospettava che qualcosa non andasse. Decisa a risolvere il mistero e a proteggere i suoi amici commercianti, si immerse in un'indagine segreta per scoprire l'identità del ladro.

Con l'aiuto di Matteo, che si era rivelato un alleato fidato, la Signora del Mercato raccolse indizi e seguì piste, affrontando insidie e pericoli lungo il cammino. Attraverso la loro determinazione e il loro coraggio, riuscirono alla fine a svelare l'identità del colpevole e a riportare la pace nella piazza.

E così, tra le bancarelle colorate e gli odori invitanti del mercato, la Signora del Mercato e Matteo avevano non solo scoperto il mistero che si nascondeva dietro le quinte, ma anche forgiato un'amicizia duratura basata sulla condivisione di passioni e avventure.

Mentre il sole calava lentamente all'orizzonte e la piazza si preparava per la notte, la Signora del Mercato e Matteo si scambiarono un sorriso complice, consapevoli che, anche dietro la facciata più ordinaria, si potevano trovare i segreti più straordinari.

# The Secrets of the Market Lady

In the lively city of Florence, there was a picturesque square surrounded by ancient buildings and colorful stalls. At the center of this square reigned the Market Lady, an elderly but lively woman known to all for her wisdom and her skill in commerce.

The Market Lady, named Giulia, ran one of the busiest and most beloved stalls in the square. Every day, she would rise early in the morning to personally select the finest products from local suppliers, ensuring that every fruit and vegetable was fresh and of high quality.

But behind the friendly facade of the Market Lady hid intriguing secrets that only a few knew. For example, few knew that Giulia was a great lover of literature, and that secretly she spent her nights reading classic novels in her modest home near the square.

One day, as the square bustled with activity and customers crowded around the stalls, a young foreigner named Matteo ventured into the square for the first time. Drawn by the chatter and vibrant colors, he approached the Market Lady's stall with curiosity.

"Good morning, Signora," Matteo said with a polite smile. "I hear that the best products in the city can be found here."

The Market Lady smiled warmly. "That's true, young sir," she replied with a melodious Tuscan accent. "I'm sure you'll find exactly what you're looking for."

As Matteo explored the Market Lady's stall, he noticed a worn-looking book hidden behind a stack of eggplants. With a flash of recognition in his eyes, he asked, "And this? A special addition to your assortment?"

The Market Lady paused for a moment, looking at the book with a mixture of surprise and affection. "Oh, this is just a little personal treasure," she replied, pulling out the book and flipping through its yellowed pages. "I like to keep it here to keep me company during quiet days."

Matteo smiled. "You love to read too? It seems we have something in common."

From that moment on, Matteo and the Market Lady began to exchange stories and literary advice as he made his purchases. They discovered they had similar tastes and spent hours discussing their favorite novels and the adventures of their favorite characters.

But as the days passed and the friendship between Matteo and the Market Lady deepened, something more sinister stirred behind the scenes of the square. A mysterious shadow lurked at night, stealing goods from the stalls and sowing terror among the merchants.

The Market Lady, with her keen powers of observation and her knowledge of the square, suspected that something was amiss. Determined to solve the mystery and protect her fellow traders, she embarked on a secret investigation to uncover the thief's identity.

With Matteo's help, who had proven to be a trustworthy ally, the Market Lady gathered clues and followed leads, facing pitfalls and dangers along the way. Through their determination and courage, they ultimately managed to reveal the culprit's identity and restore peace to the square.

And so, amid the colorful stalls and inviting smells of the market, the Market Lady and Matteo had not only discovered the mystery lurking behind the scenes but also forged a lasting friendship based on the sharing of passions and adventures.

As the sun slowly set on the horizon and the square prepared for the night, the Market Lady and Matteo exchanged a knowing smile, aware that even behind the most ordinary facade, the most extraordinary secrets could be found.

# Il Mistero del Gatto Scomparso

Nel pittoresco quartiere di Trastevere a Roma, c'era un edificio antico e affascinante, con un cortile interno che ospitava una comunità variegata di abitanti. Tra di loro c'era una donna anziana di nome Rosa, amante degli animali e proprietaria orgogliosa di un gatto dal pelo nero di nome Tito.

Tito, con i suoi grandi occhi gialli e la sua pelliccia folta, era l'orgoglio e la gioia di Rosa. Ogni giorno, insieme esploravano le stradine tortuose del quartiere, con Tito che si arrampicava sulle mura e ronzava tra le aiuole di fiori, portando allegria ovunque andassero.

Ma un giorno, Tito non fece ritorno a casa al solito orario del tramonto. Rosa si preoccupò immediatamente e iniziò a cercare ovunque nel quartiere, chiamando il nome di Tito e sperando di sentirne il miagolio familiare. Tuttavia, non c'era traccia del suo amato gatto.

Con il passare delle ore e dei giorni, la preoccupazione di Rosa cresceva sempre di più. Chiese ai vicini, affisse volantini per le strade e contattò persino gli animali locali per chiedere aiuto nella ricerca di Tito, ma sembrava che il gatto fosse scomparso nel nulla.

Nel frattempo, nel quartiere, cominciarono a circolare voci di un misterioso gatto nero che si aggirava di notte, avvistato da alcuni residenti nei vicoli bui. Alcuni credevano che fosse un presagio di sfortuna, mentre altri erano convinti che portasse con sé un segreto oscuro.

Determinata a scoprire la verità sulla scomparsa di Tito, Rosa decise di indagare sul misterioso gatto nero. Con l'aiuto del suo amico più stretto, un anziano signore di nome Carlo, iniziò a perlustrare il quartiere di notte, cercando indizi e seguendo le tracce del gatto misterioso.

Le loro indagini li portarono in luoghi bui e nascosti, tra vicoli stretti e cortili silenziosi, mentre cercavano di svelare il mistero che si celava dietro la scomparsa di Tito. Lungo il cammino, fecero incontri strani e sorprendenti, tra stranezze e amici insoliti, che li aiutarono a dipanare i fili del caso sempre più intricato.

Infine, dopo giorni di ricerca febbrile e notti senza sonno, Rosa e Carlo fecero una scoperta sconvolgente che li condusse al cuore del mistero. Scoprirono che il gatto nero misterioso non era altro che un gattino randagio che si era nascosto nel cortile dell'edificio, attratto dai profumi delle prelibatezze di Rosa.

Con un sospiro di sollievo e gioia, Rosa riabbracciò finalmente Tito, il suo fedele compagno ritrovato. E mentre il sole sorgeva all'orizzonte, illuminando le strade del quartiere con una luce dorata, Rosa e Carlo tornarono a casa insieme, sapendo che la loro amicizia e la loro determinazione avevano risolto il mistero del gatto scomparso e portato felicità nel cuore del quartiere.

# The Mystery of the Missing Cat

In the picturesque neighborhood of Trastevere in Rome, there was an ancient and charming building with an inner courtyard that housed a diverse community of inhabitants. Among them was an elderly woman named Rosa, an animal lover and proud owner of a black fur cat named Tito.

Tito, with his large yellow eyes and thick fur, was Rosa's pride and joy. Every day, they explored the winding streets of the neighborhood together, with Tito climbing on walls and buzzing among the flower beds, bringing joy wherever they went.

But one day, Tito did not return home at the usual sunset hour. Rosa immediately became worried and began to search everywhere in the neighborhood, calling Tito's name and hoping to hear his familiar meow. However, there was no trace of her beloved cat.

As the hours and days passed, Rosa's concern grew more and more. She asked the neighbors, posted flyers on the streets, and even contacted local animal shelters for help in finding Tito, but it seemed that the cat had disappeared into thin air.

Meanwhile, in the neighborhood, rumors began to circulate about a mysterious black cat roaming at night, spotted by some residents in the dark alleys. Some believed it to be a harbinger of misfortune, while others were convinced it carried a dark secret.

Determined to uncover the truth about Tito's disappearance, Rosa decided to investigate the mysterious black cat. With the help of her closest friend, an elderly gentleman named Carlo, she began to scour the neighborhood at night, searching for clues and following the tracks of the mysterious cat.

Their investigations led them to dark and hidden places, through narrow alleys and silent courtyards, as they sought to unravel the mystery behind

Tito's disappearance. Along the way, they encountered strange and surprising encounters, between oddities and unusual friends, who helped them unravel the threads of the increasingly intricate case.

Finally, after days of feverish searching and sleepless nights, Rosa and Carlo made a shocking discovery that led them to the heart of the mystery. They discovered that the mysterious black cat was nothing more than a stray kitten that had hidden in the courtyard of the building, attracted by the scents of Rosa's delicacies.

With a sigh of relief and joy, Rosa finally reunited with Tito, her faithful companion found. And as the sun rose on the horizon, illuminating the streets of the neighborhood with golden light, Rosa and Carlo returned home together, knowing that their friendship and determination had solved the mystery of the missing cat and brought happiness to the heart of the neighborhood.

# Un Pomeriggio al Caffè

Nella città di Firenze, c'era un caffè accogliente situato in una piccola piazza, dove le persone si riunivano per gustare il piacere di una pausa pomeridiana. Questo caffè era gestito da un uomo gentile di nome Giovanni, che amava creare un'atmosfera calorosa e accogliente per i suoi clienti.

Un pomeriggio d'estate, mentre il sole splendeva alto nel cielo e le strade risuonavano di voci allegre, un gruppo di amici decise di incontrarsi al caffè di Giovanni per trascorrere del tempo insieme. C'erano Giulia, una giovane artista appassionata di dipinti, Marco, un musicista con una passione per il jazz, e Sofia, una scrittrice che trovava ispirazione nei luoghi tranquilli.

Appena arrivarono al caffè, furono accolti dal delizioso profumo di caffè appena macinato e dolci appena sfornati. Giovanni li salutò con un sorriso caloroso e li condusse al loro tavolo preferito, dove si sedettero comodamente e iniziarono a parlare delle loro vite e delle loro passioni.

Mentre sorseggiavano il loro caffè e assaggiavano le prelibatezze del caffè di Giovanni, i loro discorsi si trasformarono in un vivace scambio di idee e storie. Giulia raccontò di come stesse lavorando a una nuova serie di dipinti ispirati alla bellezza della natura toscana, mentre Marco condivise il suo entusiasmo per il prossimo concerto che avrebbe tenuto al jazz club locale.

Sofia, invece, parlò del suo ultimo romanzo, ambientato proprio a Firenze, e della sfida di catturare l'essenza della città nelle pagine del suo libro. Con ogni parola che pronunciavano, i loro occhi brillavano di passione e creatività, e il caffè di Giovanni sembrava risuonare di energia positiva e ispirazione.

Nel bel mezzo della loro animata conversazione, un anziano signore si avvicinò al loro tavolo con un sorriso affabile. Era Alberto, un cliente abituale del caffè di Giovanni, che era seduto da solo a leggere un libro.

"Scusate l'intrusione," disse gentilmente Alberto, "ma non ho potuto fare a meno di sentire la vostra conversazione così interessante. Posso unirmi a voi?"

I tre amici accettarono di buon grado e invitarono Alberto a unirsi a loro. Presto, scoprirono che Alberto era un appassionato di storia e letteratura, e che aveva viaggiato in tutto il mondo per seguire la sua passione per l'apprendimento.

Mentre parlavano e ridevano insieme, il tempo sembrava volare, e prima che se ne rendessero conto, il pomeriggio era diventato sera. Ma nessuno voleva interrompere quel momento di felicità e condivisione, quindi decisero di prolungare la loro riunione al caffè di Giovanni, ordinando altri caffè e dolci per continuare la loro piacevole compagnia.

E così, in quel piccolo caffè di Firenze, quattro anime gentili si riunirono per un pomeriggio indimenticabile di conversazione, risate e amicizia.

E mentre il sole tramontava all'orizzonte e la piazza si preparava per la notte, il caffè di Giovanni continuava a brulicare di vita e calore, pronto ad accogliere nuovi incontri e nuove avventure.

# An Afternoon at the Café

In the city of Florence, there was a cozy café located in a small square, where people gathered to enjoy the pleasure of an afternoon break. This café was run by a kind man named Giovanni, who loved to create a warm and welcoming atmosphere for his customers.

One summer afternoon, as the sun shone high in the sky and the streets echoed with cheerful voices, a group of friends decided to meet at Giovanni's café to spend some time together. There was Giulia, a young artist passionate about paintings, Marco, a musician with a love for jazz, and Sofia, a writer who found inspiration in quiet places.

As soon as they arrived at the café, they were greeted by the delightful scent of freshly ground coffee and freshly baked pastries. Giovanni welcomed them with a warm smile and led them to their favorite table, where they sat comfortably and began to talk about their lives and passions.

As they sipped their coffee and tasted the delicacies from Giovanni's café, their conversations turned into a lively exchange of ideas and stories. Giulia talked about how she was working on a new series of paintings inspired by the beauty of the Tuscan countryside, while Marco shared his excitement for the upcoming concert he would be playing at the local jazz club.

Sofia, on the other hand, talked about her latest novel, set right in Florence, and the challenge of capturing the essence of the city in the pages of her book. With every word they spoke, their eyes sparkled with passion and creativity, and Giovanni's café seemed to resonate with positive energy and inspiration.

In the midst of their lively conversation, an elderly gentleman approached their table with a friendly smile. It was Alberto, a regular customer of Giovanni's café, who had been sitting alone reading a book.

"Excuse the intrusion," Alberto said kindly, "but I couldn't help but overhear your conversation, it sounded so interesting. May I join you?"

The three friends gladly accepted and invited Alberto to join them. Soon, they found out that Alberto was passionate about history and literature, and that he had traveled the world to pursue his passion for learning.

As they talked and laughed together, time seemed to fly by, and before they knew it, the afternoon had turned into evening. But no one wanted to interrupt that moment of happiness and sharing, so they decided to prolong their gathering at Giovanni's café, ordering more coffee and pastries to continue their pleasant company.

And so, in that small café in Florence, four kindred souls came together for an unforgettable afternoon of conversation, laughter, and friendship. And as the sun set on the horizon and the square prepared for the night, Giovanni's café continued to bustle with life and warmth, ready to welcome new encounters and new adventures.

# Il Mistero della Magia

Nel cuore di un antico bosco, circondato da alberi maestosi e profumi di muschio e terra, c'era un luogo magico conosciuto come "L'Albero dei Desideri". Si diceva che questo albero avesse il potere di realizzare i desideri di coloro che osavano avvicinarsi e chiedere con il cuore puro.

La leggenda dell'Albero dei Desideri era conosciuta da generazioni, tramandata di padre in figlio come un tesoro prezioso. E così, un giorno d'estate, un giovane di nome Luca decise di avventurarsi nel bosco in cerca di questo albero leggendario, determinato a scoprire se fosse vero il potere magico che gli veniva attribuito.

Con il cuore colmo di speranza e desiderio, Luca si addentrò tra gli alberi, seguendo un sentiero tortuoso che si apriva davanti a lui. Il bosco sembrava vibrare di energia e mistero, eppure Luca non si lasciò intimorire, consapevole che doveva seguire il suo istinto e la sua determinazione.

Dopo un lungo cammino, Luca finalmente giunse di fronte a un albero maestoso, con rami intrecciati e foglie scintillanti alla luce del sole. Era l'Albero dei Desideri, circondato da un'aura di magia e promesse.

Con il cuore che batteva forte, Luca si avvicinò all'albero e chiuse gli occhi, concentrandosi su ciò che desiderava più di ogni altra cosa al mondo. Poi, con voce ferma ma rispettosa, sussurrò il suo desiderio all'albero, sperando che la sua richiesta venisse ascoltata e accolta.

Dopo aver formulato il suo desiderio, Luca attese con il fiato sospeso, sperando di vedere un segno, un'indicazione che l'Albero dei Desideri aveva accolto la sua richiesta. Ma al suo stupore, non accadde nulla di straordinario. L'albero rimase immobile, come se non avesse sentito nulla.

Deluso e confuso, Luca si sedette ai piedi dell'albero, domandandosi se la leggenda fosse solo un racconto inventato per incantare i creduloni.

Ma mentre si perdeva nei suoi pensieri, sentì una voce gentile sussurrargli all'orecchio.

"In realtà, l'Albero dei Desideri non è qui per esaudire i desideri", disse la voce. "È qui per mostrarti il cammino per realizzarli da te stesso."

Luca alzò gli occhi e vide una figura eterea emergere dall'ombra dell'albero. Era una donna anziana dallo sguardo saggio e gentile, avvolta da una luce dorata che sembrava provenire dall'interno dell'albero stesso.

"Chi sei tu?" chiese Luca, meravigliato dalla presenza della donna.

"Sono la custode dell'Albero dei Desideri", rispose la donna con un sorriso. "E sono qui per insegnarti che la vera magia risiede dentro di te, non negli oggetti o nei luoghi."

In quel momento, Luca comprese la verità dietro la leggenda dell'Albero dei Desideri. Non si trattava di chiedere a un albero magico di esaudire i propri desideri, ma di trovare la forza e la determinazione dentro di sé per perseguire i propri sogni e realizzare i propri obiettivi.

Con il cuore colmo di gratitudine, Luca ringraziò la custode dell'Albero dei Desideri e si alzò per tornare a casa, portando con sé la consapevolezza che la vera magia risiedeva dentro di lui.

E così, mentre lasciava il bosco e l'Albero dei Desideri alle spalle, Luca sapeva che non aveva bisogno di incantesimi o pozioni per realizzare i suoi sogni. Aveva solo bisogno di credere in se stesso e nella sua capacità di rendere realtà ogni desiderio che albergava nel suo cuore.

# The Mystery of Magic

In the heart of an ancient forest, surrounded by majestic trees and scents of moss and earth, there was a magical place known as "The Wishing Tree". It was said that this tree had the power to grant the wishes of those who dared to approach and ask with a pure heart.

The legend of the Wishing Tree had been passed down for generations, handed down from father to son as a precious treasure. And so, one summer day, a young man named Luca decided to venture into the forest in search of this legendary tree, determined to discover if the magical power attributed to it was true.

With his heart filled with hope and desire, Luca ventured among the trees, following a winding path that opened before him. The forest seemed to vibrate with energy and mystery, yet Luca was not intimidated, aware that he had to follow his instinct and determination. After a long walk, Luca finally arrived in front of a majestic tree, with intertwined branches and leaves sparkling in the sunlight. It was the Wishing Tree, surrounded by an aura of magic and promises.

With his heart pounding, Luca approached the tree and closed his eyes, focusing on what he desired most in the world. Then, with a firm but respectful voice, he whispered his wish to the tree, hoping that his request would be heard and granted.

After making his wish, Luca waited with bated breath, hoping to see a sign, an indication that the Wishing Tree had heard his request. But to his surprise, nothing extraordinary happened. The tree remained still, as if it had not heard anything.

Disappointed and confused, Luca sat down at the foot of the tree, wondering if the legend was just a tale invented to enchant the gullible. But as he lost himself in his thoughts, he heard a gentle voice whispering in his ear.

"In reality, the Wishing Tree is not here to grant wishes," said the voice. "It is here to show you the path to fulfill them yourself."

Luca looked up and saw an ethereal figure emerge from the shadow of the tree. It was an elderly woman with a wise and gentle gaze, enveloped in a golden light that seemed to emanate from within the tree itself.

"Who are you?" asked Luca, amazed by the presence of the woman.

"I am the guardian of the Wishing Tree," replied the woman with a smile. "And I am here to teach you that true magic resides within you, not in objects or places."

At that moment, Luca understood the truth behind the legend of the Wishing Tree. It was not about asking a magical tree to grant your wishes, but about finding the strength and determination within yourself to pursue your dreams and achieve your goals.

With a heart full of gratitude, Luca thanked the guardian of the Wishing Tree and rose to return home, carrying with him the awareness that true magic resided within him.

And so, as he left the forest and the Wishing Tree behind, Luca knew that he did not need spells or potions to fulfill his dreams. He only needed to believe in himself and in his ability to make every wish in his heart come true.

# La Casa dei Ricordi

Nella tranquilla città di San Gimignano, con le sue torri medievali che si stagliavano contro il cielo azzurro, c'era una casa antica e misteriosa conosciuta come "La Casa dei Ricordi". Era una dimora dalle pareti di pietra e i tetti di tegole rosse, che sembrava custodire segreti e storie di generazioni passate.

La casa apparteneva alla famiglia Rossi da generazioni, e ogni stanza era permeata di ricordi e racconti del passato. Le pareti erano adornate da vecchie fotografie in cornici dorate, mentre gli scaffali ospitavano libri ingialliti e oggetti di famiglia che avevano attraversato il tempo.

Un giorno, la giovane Sofia, discendente della famiglia Rossi, decise di esplorare la casa dei suoi antenati in cerca di risposte alle domande che le ronzavano nella mente. Era affascinata dalla storia della sua famiglia e dalle leggende che circondavano la casa dei Ricordi, e sperava di scoprire il segreto nascosto dietro quelle mura antiche.

Con una lanterna in mano, Sofia si avventurò nei corridoi polverosi e nelle stanze silenziose della casa, sentendo il respiro del passato che la avvolgeva. Mentre esplorava ogni angolo, la sua mente si riempiva di immagini di coloro che erano venuti prima di lei, i loro volti fissati nelle fotografie che adornavano le pareti.

Mentre scrutava una vecchia scrivania in una stanza dimenticata, Sofia fece una scoperta sorprendente: una lettera indirizzata a un antenato di nome Giovanni Rossi, datata oltre un secolo prima. Con il cuore che batteva forte, aprì la lettera e iniziò a leggere le parole sbiadite sulla carta ingiallita.

La lettera raccontava la storia di un amore proibito tra Giovanni Rossi e una giovane donna di umili origini, un amore che era stato osteggiato dalla famiglia di Giovanni a causa delle loro differenze sociali. Raccontava di incontri segreti sotto la luce della luna e promesse di amore eterno, ma anche di tragedia e perdita che avevano segnato le loro vite per sempre.

Affascinata dalla storia d'amore sepolta nel passato della sua famiglia, Sofia decise di scavare ancora più a fondo per svelare il segreto delle storie nascoste. Con il passare dei giorni, esplorò ogni stanza della casa dei Ricordi, cercando indizi e tracce che avrebbero potuto condurla alla verità.

Durante la sua ricerca, Sofia fece incontri sorprendenti e svelò segreti nascosti che avevano sfidato il tempo. Scoprì storie di coraggio e sacrificio, di gioia e dolore, che avevano plasmato il destino della sua famiglia nel corso dei secoli.

Infine, dopo giorni di ricerca febbrile, Sofia fece una scoperta che avrebbe sconvolto il suo mondo e svelato il segreto delle storie nascoste della casa dei Ricordi. Scoprì un antico diario nascosto in una nicchia segreta dietro un muro di pietra, un diario che conteneva le confessioni più intime e i segreti più oscuri della famiglia Rossi.

Con il cuore pieno di emozione e determinazione, Sofia decise di condividere le storie che aveva scoperto con la sua famiglia e con il mondo, perché sapeva che anche se il passato poteva essere doloroso, era importante ricordare e onorare le vite di coloro che erano venuti prima di lei.

E così, mentre il sole tramontava all'orizzonte e il cielo si tingeva di rosso e oro, Sofia si sedette sulla soglia della casa dei Ricordi, consapevole che il vero tesoro della sua famiglia non risiedeva nei mobili antichi o nelle fotografie ingiallite, ma nei ricordi e nelle storie che avevano attraversato il tempo e che continuavano a vivere nelle mura di quella casa antica e misteriosa.

# The House of Memories

In the tranquil town of San Gimignano, with its medieval towers standing against the blue sky, there was an ancient and mysterious house known as "The House of Memories." It was a dwelling with stone walls and red tile roofs, which seemed to guard secrets and stories of past generations.

The house had belonged to the Rossi family for generations, and every room was permeated with memories and tales of the past. The walls were adorned with old photographs in golden frames, while the shelves held yellowed books and family heirlooms that had weathered the passage of time.

One day, young Sofia, a descendant of the Rossi family, decided to explore her ancestors' house in search of answers to the questions swirling in her mind. She was fascinated by her family's history and the legends surrounding the House of Memories, and she hoped to uncover the secret hidden behind those ancient walls.

With a lantern in hand, Sofia ventured into the dusty corridors and silent rooms of the house, feeling the breath of the past enveloping her. As she explored every corner, her mind filled with images of those who had come before her, their faces frozen in the photographs adorning the walls.

While rummaging through an old desk in a forgotten room, Sofia made a startling discovery: a letter addressed to an ancestor named Giovanni Rossi, dated over a century ago. With her heart pounding, she opened the letter and began to read the faded words on the yellowed paper.

The letter told the story of a forbidden love between Giovanni Rossi and a young woman of humble origins, a love that had been opposed by Giovanni's family because of their social differences. It spoke of secret meetings under the moonlight and promises of eternal love, but also of tragedy and loss that had marked their lives forever.

Fascinated by the buried love story in her family's past, Sofia decided to dig even deeper to uncover the secret of the hidden stories. Over the course of days, she explored every room of the House of Memories, searching for clues and traces that could lead her to the truth.

During her search, Sofia made surprising encounters and uncovered hidden secrets that had defied time. She discovered stories of courage and sacrifice, of joy and pain, that had shaped her family's destiny over the centuries.

Finally, after days of feverish searching, Sofia made a discovery that would shake her world and reveal the secret of the hidden stories of the House of Memories. She found an ancient diary hidden in a secret niche behind a stone wall, a diary that contained the most intimate confessions and darkest secrets of the Rossi family.

With her heart full of emotion and determination, Sofia decided to share the stories she had uncovered with her family and the world, because she knew that even though the past could be painful, it was important to remember and honor the lives of those who had come before her.

And so, as the sun set on the horizon and the sky turned red and gold, Sofia sat on the threshold of the House of Memories, aware that the true treasure of her family did not lie in the antique furniture or the yellowed photographs, but in the memories and stories that had traversed time and continued to live within the walls of that ancient and mysterious house.

# La Bambina e il Nonno

Nella pittoresca città di Firenze, con le sue strade lastricate e i maestosi palazzi rinascimentali, viveva una bambina di nome Chiara insieme al suo amato nonno, Giorgio. Chiara adorava trascorrere il tempo con il nonno, ascoltando le sue storie avvincenti e esplorando i luoghi magici che solo lui conosceva.

Giorgio era un uomo anziano ma dallo spirito giovane, con occhi scintillanti e un sorriso che illuminava la stanza. Aveva trascorso la sua vita a viaggiare per il mondo, collezionando esperienze straordinarie e avventure indimenticabili, e ora amava condividere queste storie con sua nipote Chiara, che lo ascoltava incantata ogni volta che raccontava una nuova avventura.

Una calda giornata d'estate, mentre passeggiavano lungo le rive del fiume Arno, Giorgio prese la mano di Chiara e la condusse lungo un sentiero nascosto tra gli alberi. "Ho una sorpresa per te, cara Chiara," disse il nonno con un sorriso misterioso. "Seguimi e ti porterò in un luogo magico che ti lascerà senza fiato."

Curiosa ed emozionata, Chiara seguì il nonno lungo il sentiero, sentendo l'emozione crescere dentro di lei mentre si avventuravano sempre più in profondità nella natura. Dopo un po', arrivarono in un boschetto segreto, dove le fronde degli alberi danzavano al vento e il canto degli uccelli riempiva l'aria.

"Benvenuta nel Bosco Incantato, Chiara," disse il nonno con un sorriso radioso. "Questo è il mio posto preferito al mondo, e ora è anche tuo."

Chiara era senza parole di fronte alla bellezza del Bosco Incantato, con i suoi sentieri tortuosi e i riflessi dorati del sole che filtravano tra le fronde degli alberi. Era come se fosse entrata in una fiaba, dove ogni angolo nascondeva una nuova sorpresa e un'emozione diversa.

Giorgio e Chiara trascorsero ore a esplorare il Bosco Incantato, scoprendo segreti nascosti e creature misteriose che abitavano tra gli alberi. Si sedettero su un prato fiorito e mangiarono il pranzo che avevano portato con loro, ridendo e scherzando come se non ci fosse un domani.

Ma mentre il sole iniziava a tramontare all'orizzonte e il cielo si tingeva di rosso e oro, Giorgio si avvicinò a Chiara e le sussurrò all'orecchio: "Cara Chiara, c'è qualcosa che devo dirti. Questo bosco non è solo un luogo magico, ma anche un luogo carico di storia e significato per la nostra famiglia."

In quel momento, Giorgio raccontò a Chiara la storia del Bosco Incantato e della sua famiglia, una storia di amore, avventura e sacrificio che risaliva a secoli prima. Scoprì segreti antichi e leggende dimenticate che avevano plasmato il destino della loro famiglia nel corso del tempo.

Con ogni parola che Giorgio pronunciava, Chiara sentiva di avvicinarsi sempre di più al nonno e alla sua straordinaria storia di vita. Si sentiva fortunata ad avere un nonno così speciale, che le aveva mostrato un mondo di meraviglie e avventure che non avrebbe mai potuto immaginare da sola.

E così, mentre il Bosco Incantato si immerse nell'oscurità della notte e le stelle si accendevano nel cielo notturno, Chiara si accoccolò accanto al nonno e gli strinse la mano con forza, consapevole che quel giorno sarebbe stato per sempre inciso nei suoi ricordi come uno dei più preziosi della sua vita.

# The Girl and Her Grandfather

In the picturesque city of Florence, with its cobblestone streets and majestic Renaissance palaces, lived a girl named Chiara with her beloved grandfather, Giorgio. Chiara loved spending time with her grandfather, listening to his captivating stories and exploring the magical places that only he knew.

Giorgio was an elderly man with a young spirit, with sparkling eyes and a smile that lit up the room. He had spent his life traveling the world, collecting extraordinary experiences and unforgettable adventures, and now he loved sharing these stories with his granddaughter Chiara, who listened enchanted every time he told a new adventure.

One warm summer day, as they walked along the banks of the Arno River, Giorgio took Chiara's hand and led her along a hidden path through the trees. "I have a surprise for you, dear Chiara," said the grandfather with a mysterious smile. "Follow me, and I will take you to a magical place that will leave you breathless."

Curious and excited, Chiara followed her grandfather along the path, feeling the excitement grow inside her as they ventured deeper into nature. After a while, they arrived in a secret grove, where the branches of the trees danced in the wind and the birdsong filled the air.

"Welcome to the Enchanted Forest, Chiara," said the grandfather with a radiant smile. "This is my favorite place in the world, and now it is yours too."

Chiara was speechless in front of the beauty of the Enchanted Forest, with its winding paths and the golden reflections of the sun filtering through the branches of the trees. It was as if she had stepped into a fairy tale, where every corner held a new surprise and a different emotion.

Giorgio and Chiara spent hours exploring the Enchanted Forest, discovering hidden secrets and mysterious creatures that dwelled among the trees. They sat on a flowery meadow and ate the lunch they had brought with them, laughing and joking as if there were no tomorrow.

But as the sun began to set on the horizon and the sky turned red and gold, Giorgio approached Chiara and whispered in her ear: "Dear Chiara, there is something I must tell you. This forest is not only a magical place, but also a place steeped in history and meaning for our family."

At that moment, Giorgio told Chiara the story of the Enchanted Forest and their family, a story of love, adventure, and sacrifice that dated back centuries. He uncovered ancient secrets and forgotten legends that had shaped the destiny of their family over time.

With every word Giorgio spoke, Chiara felt herself getting closer and closer to her grandfather and his extraordinary life story. She felt fortunate to have such a special grandfather, who had shown her a world of wonders and adventures that she could never have imagined on her own.

And so, as the Enchanted Forest immersed itself in the darkness of the night and the stars lit up the night sky, Chiara nestled close to her grandfather and squeezed his hand tightly, aware that that day would be forever etched in her memories as one of the most precious of her life.

# Armonie di Vita e Amicizia

Nel cuore della vivace città di Roma, c'era una piazza antica e affollata, circondata da maestosi edifici e vivaci caffè all'aperto. Ogni sera, al calare del sole, la piazza si trasformava in un palcoscenico vivente, dove musicisti di ogni genere si riunivano per esibirsi di fronte a un pubblico variegato e entusiasta.

Tra gli artisti che si esibivano regolarmente nella piazza c'era Lorenzo, un giovane violinista dal sorriso contagioso e il talento straordinario. Lorenzo amava la musica più di ogni altra cosa al mondo, e ogni nota che emetteva dal suo violino sembrava trasportare l'anima di chiunque lo ascoltasse in un viaggio emozionante e coinvolgente.

Una calda sera d'estate, mentre il sole scendeva lentamente all'orizzonte e la piazza si riempiva di vita e colori, Lorenzo si preparava per una delle sue esibizioni più attese. Aveva trascorso giorni a perfezionare il suo repertorio e a prepararsi per questo momento, e ora non vedeva l'ora di condividere la sua musica con il mondo.

Mentre i primi accordi del violino di Lorenzo risuonavano nell'aria, la piazza si fermò e tutti gli occhi si rivolsero verso di lui, incantati dal suo talento e dalla sua passione. Le note danzavano nell'aria come farfalle leggere, avvolgendo il pubblico in un abbraccio caldo e avvolgente.

Tra il pubblico c'era Anna, una giovane donna con il cuore pieno di sogni e speranze. Da quando aveva perso il suo lavoro e si era ritrovata sola in una città straniera, la musica era diventata la sua unica consolazione e il suo unico rifugio. Ogni sera, si sedeva nella piazza ad ascoltare gli artisti locali esibirsi, lasciandosi trasportare dalle melodie che riempivano l'aria.

Quella sera, mentre ascoltava Lorenzo suonare il suo violino con passione e maestria, Anna sentì una profonda emozione scorrere dentro di lei. Le note sembravano toccare le corde più intime del suo cuore, risvegliando sentimenti sepolti sotto il peso della solitudine e dell'incertezza.

Dopo l'esibizione, mentre Lorenzo ringraziava il pubblico con un sorriso radioso, Anna si avvicinò a lui con timidezza e gli disse: "Grazie per la tua musica. Hai riempito il mio cuore di gioia e speranza, e non lo dimenticherò mai."

Lorenzo sorrise e prese la mano di Anna tra le sue, guardandola negli occhi con un'intensità che la fece arrossire. "Grazie a te per aver ascoltato," disse con voce gentile. "La musica ha il potere di unire le persone e di creare legami speciali, e questa sera ho sentito un'armonia speciale tra noi."

Da quella sera, Lorenzo e Anna divennero inseparabili, condividendo le loro passioni e i loro sogni mentre esploravano insieme la città e i suoi tesori nascosti. Ogni sera, si ritrovavano nella piazza per ascoltare la musica e per lasciarsi trasportare dall'incanto delle melodie che riempivano l'aria.

Con il passare del tempo, la loro amicizia si trasformò in qualcosa di più profondo e intenso, fino a diventare un legame indissolubile di amore e comprensione reciproca. E mentre la piazza continuava a vibrare di suoni e colori, Lorenzo e Anna sapevano che il vero concerto della loro vita era appena iniziato, e che insieme avrebbero affrontato ogni nota e ogni battito di cuore con coraggio e determinazione.

# Harmonies of Life and Friendship

In the heart of the lively city of Rome, there was an ancient and bustling square, surrounded by majestic buildings and lively outdoor cafes. Every evening, as the sun set, the square transformed into a living stage, where musicians of every kind gathered to perform in front of a diverse and enthusiastic audience.

Among the artists who regularly performed in the square was Lorenzo, a young violinist with a contagious smile and extraordinary talent. Lorenzo loved music more than anything else in the world, and every note he played on his violin seemed to carry the soul of anyone who listened on an exciting and engaging journey.

One warm summer evening, as the sun slowly descended on the horizon and the square filled with life and colors, Lorenzo prepared for one of his most anticipated performances. He had spent days perfecting his repertoire and preparing for this moment, and now he couldn't wait to share his music with the world.

As the first notes of Lorenzo's violin echoed in the air, the square fell silent and all eyes turned to him, captivated by his talent and passion. The notes danced in the air like light butterflies, enveloping the audience in a warm and enveloping embrace.

Among the audience was Anna, a young woman with a heart full of dreams and hopes. Since she had lost her job and found herself alone in a foreign city, music had become her only solace and refuge. Every evening, she sat in the square listening to local artists perform, letting herself be carried away by the melodies that filled the air.

That evening, as she listened to Lorenzo play his violin with passion and mastery, Anna felt a deep emotion flow within her. The notes seemed to touch the most intimate chords of her heart, awakening feelings buried under the weight of loneliness and uncertainty.

After the performance, as Lorenzo thanked the audience with a radiant smile, Anna approached him timidly and said, "Thank you for your music. You have filled my heart with joy and hope, and I will never forget it."

Lorenzo smiled and took Anna's hand in his, looking into her eyes with an intensity that made her blush. "Thank you for listening," he said gently. "Music has the power to unite people and create special bonds, and tonight I felt a special harmony between us."

From that evening on, Lorenzo and Anna became inseparable, sharing their passions and dreams as they explored the city and its hidden treasures together. Every evening, they met in the square to listen to music and let themselves be carried away by the enchantment of the melodies that filled the air.

As time passed, their friendship turned into something deeper and more intense, becoming an unbreakable bond of love and mutual understanding. And as the square continued to vibrate with sounds and colors, Lorenzo and Anna knew that the true concert of their life had just begun, and that together they would face every note and every heartbeat with courage and determination.

# Magia tra le Pagine

Nel cuore della città di Firenze, tra le strette vie acciottolate e gli antichi palazzi rinascimentali, si nascondeva una libreria unica nel suo genere: "La Libreria Incantata". Era un luogo magico dove le parole prendevano vita tra le pagine dei libri e dove i lettori potevano vivere avventure straordinarie senza mai lasciare le mura della libreria.

La proprietaria della libreria era la signora Giulia, una donna gentile e saggia che aveva ereditato il negozio dalla sua famiglia. La libreria era stata fondata secoli prima da un antenato della signora Giulia, ed era diventata famosa in tutta la città per la sua vasta collezione di libri rari e per il suo ambiente accogliente e ricco di fascino.

Una calda mattina d'estate, mentre il sole sorgeva all'orizzonte e la città si svegliava lentamente, la giovane Alice decise di visitare "La Libreria Incantata" per la prima volta. Era una ragazza curiosa e avventurosa, con una passione sfrenata per i libri e per le storie che contenevano.

Appena varcò la soglia della libreria, Alice si sentì avvolta da un'atmosfera magica e avvolgente, come se le pareti stesse risuonassero di mistero e incanto. I scaffali erano colmi di libri dalle copertine sbiadite e dalle pagine ingiallite, e ovunque si guardasse c'era una sensazione di aspettativa e di attesa.

La signora Giulia accoglieva Alice con un sorriso caloroso e le chiese se potesse aiutarla a trovare qualcosa di particolare. Alice, con gli occhi brillanti di eccitazione, chiese alla signora Giulia se avesse dei libri magici, quelli che potevano portare i lettori in mondi lontani e sconosciuti.

La signora Giulia sorrise e annuì, conducendo Alice lungo gli scaffali fino a una sezione nascosta della libreria. Lì, nascosti tra vecchi tomi e polvere di secoli, c'erano i libri magici: antichi volumi incantati che promettevano avventure straordinarie e scoperte sorprendenti.

Alice si avvicinò con cautela ai libri magici, sentendo il cuore battere forte nell'emozione dell'ignoto. La signora Giulia le raccontò delle leggende che circondavano quei libri, dei lettori che avevano vissuto esperienze straordinarie grazie alle loro pagine incantate.

Incuriosita e desiderosa di scoprire cosa la attendesse, Alice prese un libro magico tra le mani e aprì la prima pagina con un tremito di emozione. Appena iniziò a leggere le parole incise sulle pagine ingiallite, sentì un vortice di energia magica avvolgerla e trasportarla in un mondo di fantasia e avventura.

Da quel momento in poi, Alice trascorse ore e ore immersa nei libri magici della "Libreria Incantata", viaggiando tra mondi fantastici e incontrando personaggi straordinari che l'aiutavano a scoprire il vero significato della vita e dell'amicizia.

Ma mentre esplorava i mondi fantastici dei libri magici, Alice si rese conto che c'era qualcosa di più profondo e significativo che la legava alla "Libreria Incantata" e alla signora Giulia. Scoprì che il vero incanto della libreria non risiedeva solo nelle pagine dei libri, ma anche nell'amore e nella passione con cui la signora Giulia custodiva quel luogo speciale.

Con il passare del tempo, Alice e la signora Giulia svilupparono un legame speciale, fatto di confidenza e affetto reciproco. Ogni volta che Alice visitava la "Libreria Incantata", sapeva di poter contare sulla gentilezza e sulla saggezza della signora Giulia, pronta ad accoglierla con le braccia aperte e a condurla in nuove avventure letterarie.

E così, mentre il sole tramontava all'orizzonte e la città si avvolgeva nella tranquillità della notte, Alice sapeva che il suo legame con la "Libreria Incantata" e con la signora Giulia sarebbe durato per sempre, un'amicizia incantata che avrebbe illuminato la sua vita con la magia delle parole e delle storie senza tempo.

# Magic Among the Pages

In the heart of the city of Florence, amidst the narrow cobblestone streets and ancient Renaissance palaces, there lay a bookstore unlike any other: "The Enchanted Bookshop." It was a magical place where words came to life within the pages of books, and where readers could embark on extraordinary adventures without ever leaving the walls of the bookstore.

The owner of the bookstore was Mrs. Giulia, a kind and wise woman who had inherited the shop from her family. The bookstore had been founded centuries ago by one of Mrs. Giulia's ancestors and had become famous throughout the city for its vast collection of rare books and its cozy and charming atmosphere.

One warm summer morning, as the sun rose on the horizon and the city slowly awakened, a young woman named Alice decided to visit "The Enchanted Bookshop" for the first time. She was a curious and adventurous girl, with an insatiable passion for books and the stories they contained.

As soon as Alice crossed the threshold of the bookstore, she felt enveloped by a magical and enchanting atmosphere, as if the walls themselves resonated with mystery and charm. The shelves were filled with books with faded covers and yellowed pages, and everywhere she looked there was a sense of anticipation and waiting.

Mrs. Giulia welcomed Alice with a warm smile and asked if she could help her find something special. Alice, with excitement sparkling in her eyes, asked Mrs. Giulia if she had any magical books, those that could take readers to distant and unknown worlds.

Mrs. Giulia smiled and nodded, leading Alice along the shelves to a hidden section of the bookstore. There, hidden among old tomes and centuries-old dust, were the magical books: ancient enchanted volumes that promised extraordinary adventures and surprising discoveries.

Alice approached the magical books cautiously, feeling her heart beat fast with the excitement of the unknown. Mrs. Giulia told her about the legends surrounding those books, about the readers who had lived extraordinary experiences thanks to their enchanted pages.

Intrigued and eager to discover what awaited her, Alice took a magical book in her hands and opened the first page with a trembling of excitement. As soon as she began to read the words inscribed on the yellowed pages, she felt a whirlwind of magical energy envelop her and transport her to a world of fantasy and adventure.

From that moment on, Alice spent hours and hours immersed in the magical books of "The Enchanted Bookshop," traveling through fantastic worlds and meeting extraordinary characters who helped her discover the true meaning of life and friendship.

But as she explored the fantastic worlds of the magical books, Alice realized that there was something deeper and more significant that bound her to "The Enchanted Bookshop" and to Mrs. Giulia. She discovered that the true enchantment of the bookstore lay not only in the pages of the books but also in the love and passion with which Mrs. Giulia cherished that special place.

Over time, Alice and Mrs. Giulia developed a special bond, based on mutual trust and affection. Every time Alice visited "The Enchanted Bookshop," she knew she could count on Mrs. Giulia's kindness and wisdom, ready to welcome her with open arms and lead her on new literary adventures.

And so, as the sun set on the horizon and the city wrapped itself in the tranquility of the night, Alice knew that her bond with "The Enchanted Bookshop" and with Mrs. Giulia would last forever, an enchanted friendship that would illuminate her life with the magic of words and timeless stories.

# Il Viaggio in Campagna

Nella piccola cittadina di Castellina in Chianti, circondata da dolci colline e rigogliosi vigneti, viveva un gruppo di amici che condividevano una passione comune per l'avventura e la scoperta della bellezza della natura. Tra di loro c'erano Marta, una giovane e intraprendente fotografa, Luca, un appassionato di escursioni e passeggiate, e Sofia, una studiosa di storia dell'arte con un amore per l'arte e la cultura toscana.

Un caldo pomeriggio d'estate, mentre sedevano al tavolo di un caffè del centro storico, i tre amici decisero di organizzare un viaggio nella campagna circostante alla ricerca di nuove avventure e panorami mozzafiato. Marta suggerì di esplorare il Parco Naturale della Val d'Elsa, un'oasi di biodiversità e bellezza naturale che si estendeva per chilometri attraverso colline e boschi.

Entusiasti dell'idea, i tre amici si misero subito all'opera per pianificare il loro viaggio in campagna. Prepararono zaini con provviste, mappe e macchine fotografiche, pronti a immergersi nella natura selvaggia e incontaminata della Toscana.

La mattina seguente, all'alba, partirono in direzione del Parco Naturale della Val d'Elsa, con il cuore pieno di aspettative e il desiderio di esplorare ogni angolo nascosto della campagna toscana. Mentre percorrevano strade sterrate e sentieri tortuosi, ammiravano il paesaggio che si estendeva di fronte a loro, con i suoi campi dorati e i suoi boschi misteriosi.

Dopo ore di cammino, giunsero finalmente al cuore del Parco Naturale della Val d'Elsa, dove una vasta distesa di prati verdi si apriva di fronte a loro, punteggiata da alberi secolari e ruscelli cristallini. Era un luogo di una bellezza mozzafiato, dove il tempo sembrava essersi fermato e la natura regnava sovrana.

Marta, Luca e Sofia si fermarono a contemplare il panorama, rapiti dalla sua magnificenza e dalla sua tranquillità. Poi, con un sorriso di eccitazione, si diressero verso una cascata che risuonava nell'aria con il suono rinfrescante delle sue acque.

Lì, sotto la cascata, si tolsero le scarpe e si rinfrescarono i piedi nell'acqua gelida, ridendo e scherzando come se non ci fosse un domani. Era un momento di pura gioia e spensieratezza, in cui i tre amici si sentivano più vicini che mai, legati dalla bellezza della natura e dalla condivisione di un'esperienza unica.

Dopo il pic-nic al sole lungo le rive del ruscello, Marta propose di esplorare un antico borgo abbandonato che si diceva fosse abitato da spiriti e fantasmi. Luca e Sofia accettarono con entusiasmo, desiderosi di scoprire i segreti nascosti di quel luogo misterioso.

Il borgo abbandonato si rivelò essere un labirinto di vicoli stretti e case di pietra, avvolto in un'atmosfera di mistero e fascino. Le pareti delle case erano ricoperte di edera e muschio, e le strade erano silenziose e deserte, come se il tempo si fosse fermato per sempre in quel luogo dimenticato.

Mentre esploravano il borgo abbandonato, Marta, Luca e Sofia scoprirono vecchie botteghe di artigiani e antiche chiese decorate con affreschi medievali. Era come se camminassero tra le pagine di un libro di storia, con ogni angolo che raccontava una storia diversa del passato glorioso del borgo.

Ma mentre il sole cominciava a tramontare all'orizzonte e il cielo si tingeva di rosso e oro, i tre amici si resero conto che era ora di tornare a casa. Con un senso di gratitudine e soddisfazione nel cuore, lasciarono il borgo abbandonato e si incamminarono lungo il sentiero che li avrebbe riportati alla civiltà.

Mentre tornavano a Castellina in Chianti, il sole calante colorava il cielo con sfumature di rosa e viola, e una leggera brezza accarezzava le loro guance stanche ma felici. Era stato un viaggio indimenticabile, un'avventura tra natura e amicizia che li avrebbe legati per sempre nei ricordi del cuore.

E così, mentre si salutavano con un abbraccio affettuoso e il sorriso sulle labbra, Marta, Luca e Sofia sapevano che il loro viaggio in campagna era stato solo l'inizio di molte altre avventure da vivere insieme, esplorando la bellezza e la magia della Toscana e della vita stessa.

# The Countryside Journey

In the small town of Castellina in Chianti, surrounded by gentle hills and lush vineyards, lived a group of friends who shared a common passion for adventure and the discovery of the beauty of nature. Among them were Marta, a young and enterprising photographer, Luca, a hiking enthusiast, and Sofia, a scholar of art history with a love for Tuscan art and culture. One warm summer afternoon, as they sat at a café table in the historic center, the three friends decided to organize a trip to the countryside in search of new adventures and breathtaking views. Marta suggested exploring the Natural Park of Val d'Elsa, an oasis of biodiversity and natural beauty that stretched for kilometers through hills and forests.

Excited about the idea, the three friends immediately set to work planning their countryside journey. They prepared backpacks with supplies, maps, and cameras, ready to immerse themselves in the wild and unspoiled nature of Tuscany.

The next morning, at dawn, they set off towards the Natural Park of Val d'Elsa, with hearts full of expectations and a desire to explore every hidden corner of the Tuscan countryside. As they traversed dirt roads and winding paths, they admired the landscape unfolding before them, with its golden fields and mysterious woods.

After hours of walking, they finally reached the heart of the Natural Park of Val d'Elsa, where a vast expanse of green meadows opened up before them, dotted with ancient trees and crystal-clear streams. It was a place of breathtaking beauty, where time seemed to stand still and nature reigned supreme.

Marta, Luca, and Sofia stopped to contemplate the panorama, captivated by its magnificence and tranquility. Then, with a smile of excitement, they headed towards a waterfall that resonated in the air with the refreshing sound of its waters.

There, under the waterfall, they took off their shoes and refreshed their feet in the icy water, laughing and joking as if there were no tomorrow. It was a moment of pure joy and carefreeness, where the three friends felt closer than ever, bound by the beauty of nature and the sharing of a unique experience.

After a sunny picnic along the stream's banks, Marta suggested exploring an ancient abandoned village rumored to be inhabited by spirits and ghosts. Luca and Sofia eagerly agreed, eager to discover the hidden secrets of that mysterious place.

The abandoned village turned out to be a labyrinth of narrow alleys and stone houses, wrapped in an atmosphere of mystery and fascination. The walls of the houses were covered with ivy and moss, and the streets were silent and deserted, as if time had stood still forever in that forgotten place.

As they explored the abandoned village, Marta, Luca, and Sofia discovered old artisan shops and ancient churches decorated with medieval frescoes. It was as if they were walking through the pages of a history book, with every corner telling a different story of the village's glorious past.

But as the sun began to set on the horizon and the sky tinged with shades of pink and gold, the three friends realized it was time to return home. With a sense of gratitude and satisfaction in their hearts, they left the abandoned village and walked along the path that would take them back to civilization.

As they returned to Castellina in Chianti, the setting sun painted the sky with shades of pink and purple, and a gentle breeze caressed their tired but happy cheeks. It had been an unforgettable journey, an adventure among nature and friendship that would bind them forever in the memories of the heart.

And so, as they bid farewell with affectionate hugs and smiles on their lips, Marta, Luca, and Sofia knew that their countryside journey was only the beginning of many more adventures to experience together, exploring the beauty and magic of Tuscany and life itself.

43

# La Notte dell'Elefante

Nel cuore della savana africana, circondata da acacie maestose e alberi baobab millenari, sorgeva il villaggio di Karibu. Qui, tra le capanne di paglia e i sentieri polverosi, viveva una comunità accogliente e vibrante, legata da un forte senso di solidarietà e amore per la natura che li circondava.

Una notte, mentre il cielo si dipingeva di stelle scintillanti e la luna brillava nel suo splendore argentato, il villaggio di Karibu fu svegliato da un suono potente e inconfondibile: il barrito di un elefante. Era un suono che non si sentiva da anni, da quando gli elefanti avevano abbandonato quelle terre in cerca di nuovi pascoli e rifugi sicuri.

Gli abitanti del villaggio si precipitarono fuori dalle loro capanne, stupiti e meravigliati dalla vista di un grande elefante grigio che si aggirava tra le capanne, con gli occhi luminosi e la proboscide sollevata verso il cielo. Era come se l'elefante fosse tornato a casa dopo anni di assenza, come se volesse riconnettersi con la comunità che un tempo aveva chiamato famiglia.

Tra gli abitanti del villaggio c'era Malaika, una giovane donna coraggiosa e determinata che aveva sempre sognato di vedere un elefante da vicino. Con il cuore colmo di emozione, si avvicinò all'elefante con cautela, osservandolo con occhi pieni di meraviglia e rispetto.

L'elefante sembrava tranquillo e sereno, come se sentisse il calore e l'amore della comunità che lo circondava. Si lasciò accarezzare da Malaika e dagli altri abitanti del villaggio, lasciando che le loro mani gentili esplorassero la sua pelle ruvida e rugosa.

Mentre l'elefante si muoveva con grazia tra le capanne, raccontando storie antiche e misteriose con il battito del suo cuore, gli abitanti del villaggio si ritrovarono avvolti da un senso di magia e meraviglia. Era come se l'elefante portasse con sé i segreti della savana e dei suoi abitanti, rivelando un mondo di mistero e avventura che non avrebbero mai immaginato.

Ma mentre la notte proseguiva e l'alba si avvicinava all'orizzonte, l'elefante iniziò a mostrare segni di inquietudine e agitazione. Sapeva che la sua presenza nel villaggio non poteva durare per sempre, che presto avrebbe dovuto tornare alla sua vita selvaggia e libera nella savana.

Con un'ultima occhiata ai volti sorpresi e commossi degli abitanti del villaggio, l'elefante si voltò lentamente e si diresse verso il limite del villaggio, pronto a lasciare quelle terre che un tempo aveva chiamato casa. Ma prima di scomparire nell'oscurità della notte, si fermò e emise un suono profondo e vibrante, un saluto silenzioso alla comunità che aveva toccato il suo cuore con il loro amore e la loro gentilezza.

Gli abitanti del villaggio guardarono con gli occhi lucidi mentre l'elefante scompariva tra gli alberi, lasciandosi dietro il ricordo di una notte indimenticabile di mistero e amicizia. E mentre il sole sorgeva all'orizzonte, illuminando il cielo con i suoi raggi dorati, sapevano che quella notte resterebbe per sempre incisa nei loro cuori, un ricordo prezioso di un incontro magico con la meraviglia della natura selvaggia.

# The Night of the Elephant

In the heart of the African savannah, surrounded by majestic acacias and ancient baobab trees, lay the village of Karibu. Here, among the straw huts and dusty paths, lived a welcoming and vibrant community, bound by a strong sense of solidarity and love for the surrounding nature.

One night, as the sky was painted with sparkling stars and the moon shone in its silver splendor, the village of Karibu was awakened by a powerful and unmistakable sound: the trumpeting of an elephant. It was a sound that hadn't been heard for years, since the elephants had abandoned those lands in search of new pastures and safe havens.

The villagers rushed out of their huts, astonished and amazed by the sight of a large gray elephant wandering among the huts, with bright eyes and its trunk raised towards the sky. It was as if the elephant had returned home after years of absence, as if it wanted to reconnect with the community it had once called family.

Among the villagers was Malaika, a brave and determined young woman who had always dreamed of seeing an elephant up close. With a heart full of emotion, she approached the elephant cautiously, observing it with eyes full of wonder and respect.

The elephant seemed calm and serene, as if it could feel the warmth and love of the surrounding community. It allowed itself to be caressed by Malaika and the other villagers, letting their gentle hands explore its rough and wrinkled skin.

As the elephant moved gracefully among the huts, telling ancient and mysterious stories with the beat of its heart, the villagers found themselves enveloped in a sense of magic and wonder. It was as if the elephant carried with it the secrets of the savannah and its inhabitants, revealing a world of mystery and adventure they had never imagined.

But as the night went on and dawn approached on the horizon, the elephant began to show signs of restlessness and agitation. It knew that its presence in the village could not last forever, that soon it would have to return to its wild and free life in the savannah.

With one last glance at the surprised and touched faces of the villagers, the elephant turned slowly and headed towards the edge of the village, ready to leave the lands it had once called home. But before disappearing into the darkness of the night, it stopped and emitted a deep and vibrant sound, a silent farewell to the community that had touched its heart with their love and kindness.

The villagers watched with teary eyes as the elephant disappeared into the trees, leaving behind the memory of an unforgettable night of mystery and friendship. And as the sun rose on the horizon, illuminating the sky with its golden rays, they knew that that night would remain forever engraved in their hearts, a precious memory of a magical encounter with the wonder of the wild nature.

# Il Pappagallo Rosso

Nel pittoresco villaggio di Portofino, sospeso tra il blu intenso del mare e il verde lussureggiante delle colline liguri, viveva una giovane donna di nome Sofia. Sofia era una pittrice talentuosa, con una passione per la bellezza della natura e per l'arte che la circondava. Ogni giorno, si ritirava nel suo piccolo studio con vista sul porto e dipingeva paesaggi incantevoli e ritratti vibranti che catturavano l'essenza della vita sul mare. Una mattina, mentre Sofia si preparava a dipingere un nuovo quadro, udì un suono melodioso provenire dalla finestra aperta del suo studio. Alzò gli occhi dal suo cavalletto e vide una visione sorprendente: un pappagallo rosso, dalle piume splendenti e il becco lucente, posato sul davanzale della finestra, con gli occhi scintillanti di curiosità e allegria.

Sofia si avvicinò al pappagallo con cautela, osservandolo con meraviglia e ammirazione. Era come se l'uccello portasse con sé un bagliore di gioia e vitalità, come se fosse un messaggero di buone notizie e nuove speranze. Con un sorriso caldo, estese una mano verso il pappagallo, invitandolo ad avvicinarsi.

Il pappagallo rosso inclinò la testa con un'espressione intelligente e curiosa, come se stesse comprendendo le parole di Sofia. Poi, con un sussurro melodioso, iniziò a parlare con una voce dolce e melodiosa, raccontando storie di mondi lontani e avventure incredibili che avrebbero fatto battere il cuore di qualsiasi anima avventurosa.

Affascinata dalle parole del pappagallo, Sofia lo ascoltò con attenzione, perdendosi nei racconti avvincenti e nella bellezza delle sue piume rosse. Era come se il tempo si fermasse nel suo studio, con il pappagallo rosso che la trasportava in mondi fantastici e visioni incantevoli che sapevano di libertà e speranza.

Ma mentre il pappagallo continuava a parlare con fervore e passione, Sofia notò una tristezza nascosta nei suoi occhi brillanti. Chiese al pappagallo del perché fosse così solo e triste, e l'uccello le raccontò la sua storia con un sospiro malinconico.

Il pappagallo rosso si chiamava Roberto, e un tempo era stato il compagno inseparabile di un vecchio pescatore che aveva vissuto lungo la costa di Portofino. Insieme, avevano condiviso molte avventure e momenti felici, esplorando il mare e i suoi tesori nascosti con gioia e entusiasmo.

Ma un giorno, il vecchio pescatore era scomparso in mare durante una tempesta improvvisa, lasciando Roberto solo e disperato sul molo del porto. Da allora, il pappagallo aveva vissuto nella solitudine e nella tristezza, cercando disperatamente il suo amico perduto tra le onde infrante e i venti impetuosi del mare.

Sofia si commosse profondamente dalla storia del pappagallo e decise di aiutarlo a trovare il suo amico perduto. Con determinazione e coraggio, si imbarcarono insieme su una piccola barca e salparono verso l'orizzonte, alla ricerca di indizi e tracce che potessero condurli al vecchio pescatore.

Durante il viaggio, Sofia e Roberto affrontarono molte sfide e pericoli, tra cui mare mosso e tempeste improvvise. Ma grazie alla loro determinazione e al loro amore per l'altro, riuscirono a superare ogni ostacolo e a continuare la loro ricerca con speranza e fiducia nel cuore.

Finalmente, dopo giorni di navigazione incerta e notti insonni, trovarono il vecchio pescatore su un'isola deserta al largo della costa. Era stanco e affamato, ma il suo viso si illuminò di gioia e stupore quando vide il suo vecchio amico Roberto posarsi sul suo braccio, con le piume rosse che brillavano al sole del mattino.

Con lacrime agli occhi, il vecchio pescatore ringraziò Sofia e il suo fedele compagno per averlo trovato e portato in salvo. Era come se il ritrovamento di Roberto fosse un segno di rinascita e speranza, un simbolo di amore e amicizia che non conosceva confini né distanze.

Tornati a Portofino, Sofia e Roberto furono accolti con gioia e festeggiamenti dalla comunità, che celebrò il ritorno del vecchio pescatore e la riconciliazione con il suo amico a piume rosse. Era una festa di gioia e gratitudine, che avrebbe lasciato un'impronta indelebile nei cuori di tutti coloro che avevano assistito alla loro incredibile avventura. E così, mentre il sole tramontava sull'orizzonte e il cielo si tingeva di rosso e oro, Sofia e Roberto si ritrovarono seduti insieme sul molo del porto, guardando il mare scintillante di fronte a loro con una sensazione di pace e felicità che sapeva di miracolo e meraviglia. Era la fine di una lunga e avvincente avventura, ma anche l'inizio di una nuova e luminosa giornata di gioia e rinascita.

# The Red Parrot

In the picturesque village of Portofino, suspended between the intense blue of the sea and the lush greenery of the Ligurian hills, lived a young woman named Sofia. Sofia was a talented painter, with a passion for the beauty of nature and the art that surrounded her. Every day, she retreated to her small studio overlooking the harbor and painted enchanting landscapes and vibrant portraits that captured the essence of life by the sea.

One morning, as Sofia prepared to paint a new canvas, she heard a melodious sound coming from the open window of her studio. She looked up from her easel and saw a surprising sight: a red parrot, with shiny feathers and a gleaming beak, perched on the windowsill, with eyes sparkling with curiosity and joy.

Sofia approached the parrot cautiously, observing it with wonder and admiration. It was as if the bird carried a glow of joy and vitality with it, as if it were a messenger of good news and new hopes. With a warm smile, she reached out her hand to the parrot, inviting it to come closer.

The red parrot tilted its head with an intelligent and curious expression, as if it were understanding Sofia's words. Then, with a melodious whisper, it began to speak with a sweet and melodious voice, telling stories of distant worlds and incredible adventures that would make the heart of any adventurous soul beat faster.

Fascinated by the parrot's words, Sofia listened attentively, losing herself in the gripping tales and the beauty of its red feathers. It was as if time stood still in her studio, with the red parrot transporting her to fantastic worlds and enchanting visions that tasted of freedom and hope.

But as the parrot continued to speak with fervor and passion, Sofia noticed a hidden sadness in its sparkling eyes. She asked the parrot why it was so lonely and sad, and the bird told her its story with a melancholic sigh.

The red parrot's name was Roberto, and it had once been the inseparable companion of an old fisherman who had lived along the coast of Portofino. Together, they had shared many adventures and happy moments, exploring the sea and its hidden treasures with joy and enthusiasm.

But one day, the old fisherman had disappeared at sea during a sudden storm, leaving Roberto alone and desperate on the harbor pier. Since then, the parrot had lived in loneliness and sadness, desperately searching for its lost friend among the crashing waves and the swirling winds of the sea.

Sofia was deeply moved by the parrot's story and decided to help it find its lost friend. With determination and courage, they embarked together on a small boat and set sail towards the horizon, searching for clues and traces that could lead them to the old fisherman.

During the journey, Sofia and Roberto faced many challenges and dangers, including rough seas and sudden storms. But thanks to their determination and their love for each other, they managed to overcome every obstacle and continue their search with hope and confidence in their hearts.

Finally, after days of uncertain sailing and sleepless nights, they found the old fisherman on a deserted island off the coast. He was tired and hungry, but his face lit up with joy and amazement when he saw his old friend Roberto alight on his arm, with his red feathers shining in the morning sun.

With tears in his eyes, the old fisherman thanked Sofia and his faithful companion for finding him and bringing him to safety. It was as if Roberto's rediscovery was a sign of rebirth and hope, a symbol of love and friendship that knew no boundaries or distances.

Back in Portofino, Sofia and Roberto were greeted with joy and celebration by the community, who celebrated the return of the old fisherman and the reconciliation with his red-feathered friend. It was a festival of joy and gratitude, which would leave an indelible mark on the hearts of all who had witnessed their incredible adventure.

And so, as the sun set on the horizon and the sky turned red and gold, Sofia and Roberto found themselves sitting together on the harbor pier, watching the sparkling sea in front of them with a sense of peace and happiness that tasted of miracle and wonder. It was the end of a long and thrilling adventure, but also the beginning of a new and bright day of joy and rebirth.

# Biciclette in Vendita

Nel tranquillo paese di San Giovanni, ai piedi delle maestose Dolomiti, viveva un uomo di nome Carlo. Carlo gestiva una piccola bottega di riparazione di biciclette nel cuore del villaggio, dove trascorreva le sue giornate circondato da raggi di sole, odore di olio da bicicletta e il suono rassicurante delle campane della chiesa che risuonavano nell'aria.

Una mattina d'estate, mentre Carlo apriva la sua bottega, vide qualcosa di insolito fuori dalla porta: una fila di biciclette colorate parcheggiate lungo il marciapiede, con un cartello che diceva "In Vendita" appeso sopra di loro. Carlo si grattò la testa perplesso, chiedendosi chi potesse averle lasciate lì e perché.

Deciso a scoprire la verità, Carlo si avvicinò alle biciclette e cominciò a esaminarle una per una. Erano tutte in condizioni perfette, come se fossero state appena acquistate in negozio, e ognuna aveva un aspetto unico e accattivante che attirava l'attenzione dei passanti.

Mentre Carlo osservava le biciclette con interesse crescente, un uomo anziano uscì dall'ombra di un vicolo vicino, con un sorriso amichevole stampato sul volto rugoso. Si presentò come Giorgio e spiegò a Carlo che le biciclette appartenevano al suo vecchio amico Enrico, che aveva deciso di venderle dopo aver deciso di trasferirsi in una città lontana per stare vicino alla sua famiglia.

Incuriosito dalla storia di Enrico e dalle sue biciclette impeccabili, Carlo decise di aiutare Giorgio a trovare acquirenti per le biciclette, sperando di poter trovare un nuovo proprietario per ognuna di esse che le avrebbe amate e apprezzate tanto quanto Enrico.

Così, nei giorni seguenti, Carlo e Giorgio si misero all'opera per pubblicizzare le biciclette in vendita, appendendo annunci in giro per il paese e invitando gli amici e i vicini a dare un'occhiata al loro prezioso carico. Presto, la notizia delle biciclette di Enrico si diffuse per il paese come un fuoco selvaggio, attirando l'interesse di giovani e anziani, turisti e residenti, tutti desiderosi di scoprire il tesoro nascosto nel cuore di San Giovanni.

Tra i potenziali acquirenti c'era Lucia, una giovane donna appassionata di ciclismo che aveva sempre sognato di possedere una bicicletta vintage per esplorare le strade tortuose e i sentieri di montagna che circondavano il paese. Con gli occhi brillanti di entusiasmo, Lucia si avvicinò a Carlo e Giorgio e chiese di vedere le biciclette disponibili, sperando di trovare quella perfetta per lei.

Carlo sorrise calorosamente a Lucia e la condusse verso la fila di biciclette in vendita, descrivendo con entusiasmo le caratteristiche uniche di ciascuna di esse e raccontando le storie di avventure passate che avevano vissuto insieme a Enrico. Lucia ascoltò con attenzione, affascinata dalla bellezza e dalla storia di ogni bicicletta, e alla fine scelse una meravigliosa bicicletta da corsa rossa con manubri in pelle e dettagli in ottone, che sembrava fatta apposta per lei.

Con un sorriso radioso, Lucia ringraziò Carlo e Giorgio per il loro aiuto e prese la sua nuova bicicletta per un giro di prova lungo le strade tranquille del paese, sentendo il vento tra i capelli e il calore del sole sulla pelle. Era come se la bicicletta fosse stata fatta apposta per lei, un compagno fedele e affidabile per tutte le sue avventure future.

Nel frattempo, altri acquirenti affluivano alla bottega di Carlo, attratti dalla varietà e dalla qualità delle biciclette in vendita. C'erano famiglie che cercavano una bicicletta per i loro figli, coppie in cerca di un modo romantico per esplorare la campagna insieme e ciclisti appassionati che non vedevano l'ora di mettere le mani su una bicicletta vintage di alta qualità.

Mentre le biciclette di Enrico trovavano nuovi proprietari e le strade di San Giovanni si riempivano del suono allegro dei campanelli e del vociare di persone felici, Carlo sorrideva soddisfatto, sapendo di aver contribuito a portare gioia e avventura nella vita di tante persone. Era come se le biciclette avessero portato con sé un vento di cambiamento e rinnovamento, trasformando il tranquillo paese di San Giovanni in un luogo di meraviglia e scoperta.

E così, mentre il sole tramontava dietro le vette delle Dolomiti e il cielo si tingeva di rosso e oro, Carlo guardava con orgoglio la sua bottega di biciclette, pensando con affetto a Enrico e alle sue biciclette che avevano portato gioia e avventura nel cuore di tutti coloro che le avevano incontrate. Era una storia di amicizia e solidarietà, di passione e coraggio, che avrebbe lasciato un'impronta indelebile nella storia del piccolo paese di San Giovanni e nelle vite di coloro che vi abitavano.

# Bicycles for Sale

In the quiet village of San Giovanni, nestled at the foot of the majestic Dolomites, lived a man named Carlo. Carlo ran a small bicycle repair shop in the heart of the village, where he spent his days surrounded by sunshine, the smell of bicycle oil, and the reassuring sound of church bells echoing in the air.

One summer morning, as Carlo opened his shop, he saw something unusual outside the door: a row of colorful bicycles parked along the sidewalk, with a sign that read "For Sale" hanging above them. Carlo scratched his head puzzled, wondering who could have left them there and why.

Determined to uncover the truth, Carlo approached the bicycles and began examining them one by one. They were all in perfect condition, as if they had just been bought from a store, and each one had a unique and captivating look that caught the attention of passersby.

As Carlo observed the bicycles with growing interest, an elderly man emerged from the shadow of a nearby alley, with a friendly smile on his weathered face. He introduced himself as Giorgio and explained to Carlo that the bicycles belonged to his old friend Enrico, who had decided to sell them after deciding to move to a distant city to be near his family.

Intrigued by Enrico's story and his impeccable bicycles, Carlo decided to help Giorgio find buyers for the bicycles, hoping to find a new owner for each one who would love and appreciate them as much as Enrico did.

So, in the days that followed, Carlo and Giorgio set out to advertise the bicycles for sale, hanging signs around the village and inviting friends and neighbors to take a look at their precious cargo. Soon, the news of Enrico's bicycles spread throughout the village like wildfire, attracting the interest of young and old, tourists and residents, all eager to discover the hidden treasure in the heart of San Giovanni.

Among the potential buyers was Lucia, a young woman passionate about cycling who had always dreamed of owning a vintage bicycle to explore the winding streets and mountain trails surrounding the village. With sparkling eyes of enthusiasm, Lucia approached Carlo and Giorgio and asked to see the available bicycles, hoping to find the perfect one for her. Carlo warmly smiled at Lucia and led her to the row of bicycles for sale, enthusiastically describing the unique features of each one and recounting the past adventures they had shared with Enrico. Lucia listened attentively, fascinated by the beauty and history of each bicycle, and eventually chose a wonderful red racing bicycle with leather handlebars and brass details, which seemed to be made just for her.

With a radiant smile, Lucia thanked Carlo and Giorgio for their help and took her new bicycle for a test ride along the quiet streets of the village, feeling the wind in her hair and the warmth of the sun on her skin. It was as if the bicycle had been made just for her, a faithful and reliable companion for all her future adventures.

Meanwhile, other buyers flocked to Carlo's shop, drawn by the variety and quality of the bicycles for sale. There were families looking for bicycles for their children, couples seeking a romantic way to explore the countryside together, and passionate cyclists who couldn't wait to get their hands on a high-quality vintage bicycle.

As Enrico's bicycles found new owners and the streets of San Giovanni filled with the cheerful sound of bicycle bells and the chatter of happy people, Carlo smiled contentedly, knowing that he had helped bring joy and adventure into the lives of so many people. It was as if the bicycles had brought with them a wind of change and renewal, transforming the quiet village of San Giovanni into a place of wonder and discovery.

And so, as the sun set behind the peaks of the Dolomites and the sky turned red and gold, Carlo proudly watched his bicycle shop, thinking affectionately of Enrico and his bicycles that had brought joy and adventure into the hearts of all who had encountered them. It was a story of friendship and solidarity, of passion and courage, that would leave an indelible mark on the history of the small village of San Giovanni and in the lives of those who lived there.